ITALIENISCHE KÜCHE

Peter Peter

ITALIENISCHE KÜCHE

*Geschichten und Rezepte
zur Kulturgeschichte
der italienischen Küche*

C.H.Beck

SIZILIANER UND SYBARITEN 9

PFAUENFEDERN UND PAPAGEIENZUNGEN 19

LA PASTA ARABA 29

GEWÜRZE ÜBER ALLES 37

CATERINAS GABEL 45

ASKESE UND PAPSTKÜCHE 53

ALEATICO BAROLO CHIANTI
VINO ITALIANO 63

CUCINA BAROCCA 69

CUCINA POVERA 77

DER DRESCHENDE DUCE 85

SLOWFOOD UND STERNEGENUSS 95

NON SOLO PIZZA – ITALIA GLOBALE 103

DIE KUNST DER SPEISEFOLGE 111

LIEBLINGSREZEPTE 113

ANHANG 137

Che cos' è la gloria di Dante, appresso a quella degli spaghetti? – Was ist der Ruhm Dantes im Vergleich zu dem der Spaghetti? 1957 konnte Giuseppe Prezzolini mit so einem Vergleich noch provozieren. Eine Generation später ist akzeptiert, daß die lebendige Vielfalt italienischer Produkte und Gerichte, die in über 2500 Jahren entwickelt wurden, ebenso zum kulturellen Erbe der Nation zählen wie das Abendmahl Leonardos, die Sixtinische Kapelle Michelangelos, die Opern Verdis, die Filme Fellinis, wie Ferraris, Vespas, Gucci-Täschchen … Kaum ein anderes Volk wird weltweit so automatisch mit einem kulinarischen Image assoziiert wie Italien. Dante läßt im dritten Kreis seines Inferno die Feinschmecker schmachten – doch Italiener aller Epochen haben dieses Vergnügen der Sinne nicht als Sünde, sondern als Ausweis von Kultur und Identität verstanden.

SIZILIANER UND SYBARITEN

Spürst du, welch süßen Geruch dieses Land hat und wie ein gar würziger Rauch aufsteigt? In dieser Schlucht muss anscheinend ein Weihrauchverkäufer wohnen – oder ein sizilianischer Koch!
Kratinos der Jüngere (4. Jh. v. Chr.)

Die Geschichte der europäischen Kochkunst beginnt in Sizilien, und sie beginnt mit einem Paukenschlag. Was aus den Fragmenten der *Gastronomia* («Gesetze des Magens») des Archestratos von Gela (um 330 v. Chr.) herausleuchtet, ist die souveräne Kennerschaft eines weitgereisten Gourmets, der «eifrig alle Länder und Meere durchquerte in seinem Wunsch … die Freuden des Bauches sorgfältig zu erproben.» Seine kulinarische Odyssee bleibt bis heute eins der radikalsten Plädoyers für Produkt- und Zutatenküche, eine *nouvelle cuisine* von Anfang an, die genau weiß, welcher Happen vom Fisch zu welcher Jahreszeit am feinsten schmeckt und in welchem Hafen man ihn kaufen sollte.

Die Agrigentiner essen, als ob sie morgen sterben, und sie bauen, als ob sie ewig leben sollten.

Empedokles

Syrakus galt als Gourmetmetropole, als «Paris der Antike». Auch die Tyrannen der Hafenstadt präsentierten sich gern als Schlemmer. Als der aus Schillers *Bürgschaft* bekannte Diktator Dionysios der Große (ca. 430–367 v. Chr.) seinen Lebenstraum verwirklichte und mit der von ihm gedichteten Tragödie *Erlösung Hektors* den Sieg beim Athener Theateragon davontrug, stürzte er sich im Taumel des höchsten Glücks in ein tagelanges großgriechisches Dauergelage, auf dessen Höhepunkt er sich buchstäblich zu Tode fraß.

Wasser für die Hände, ein Silbergefäß, ein zarter Knabe, der Wasser über unsere Hände gießt; anmutige, zarte Myrtenzweiglein zu Girlanden verwoben. Herein trugen ein paar Sklaven einen schimmernden Tisch für uns … Sie brachten schneeweiße Gerstenbrote in Körben herbei. Eine Kasserolle – nein, größer noch – gefüllt mit herrlichem Aal. Und dann, mein Lieber, noch Garnelen in Honig glasiert und dazu mit Meersalz bestreute Tintenfische, kleine Vögelchen in Blätterteig, und gebackenen Thunfisch, Ihr Götter! Was für ein gewaltiges Tier, frisch vom Feuer, frisch aus der Pfanne und frisch aufgeschnitten, reichlich herrliche Stücke aus seinem zarten Bauchfleisch zu unserer Freude, solange wir

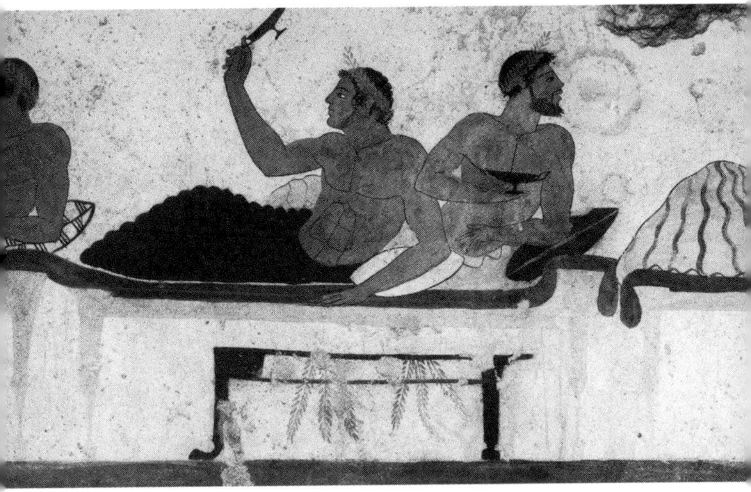

bleiben und weiter schmausen wollten … Schließlich hatten wir uns mit Essen und Trinken den Bauch gefüllt: Die Diener räumten die Reste beiseite und brachten warmes Wasser, Seife und Lilienöl für unsere Hände. Sie reichten uns Musselinhandtücher, herrliche Duftstoffe und Veilchensträuße. Dann wurden dieselben glänzenden Tischchen wiedergebracht, beladen mit weiteren Leckereien, Nach-Tisch, wie man so sagt: Herumgereicht wurden süße Teigmuscheln, knusprige Pfannkuchen, honiggetränkte geröstete Sesamkuchen, süßer Käsekuchen mit Milch und Honig.

Philoxenos von Kythera,
Hofdichter in Syrakus

Als ich nach Sizilien kam, sagte mir das, was man dort bei reichen italischen und sizilischen Leckereien ein glückliches Leben nennt, keineswegs und in keiner Weise zu – dahinzuleben, indem man zweimal des Tages sich vollpropft und keine Nacht allein schläft... kein Staat dürfte, seien seine Gesetze beschaffen, wie sie wollen, zur Ruhe gelangen, wenn seine Bürger meinen, alles im Übermaß vergeuden und nichts anderes der Bemühung wert achten zu müssen als Schmäuse und Zechgelage.

Platon

Die antike Komödie liebt es, eingebildete Köche und schelmische Kochsklaven als kulinarische Dampfplauderer auftreten zu lassen. Ein erheiterndes Zeugnis des Überflusses ist ein Streitgepräch aus den in Syrakus spielenden *Menaechmi* des Plautus, dem Vorbild für Shakespeares *Comedy of Errors*. Da streiten sich zwei Parasiten (freigehaltene Mitesser), wer den großzügigeren Herrn habe, worauf der eine Parasit schlagfertig prahlt, sein Gastgeber tische so auf, *ut standumst in lecto* – daß man auf dem Speisesofa aufstehen muß, um oben an die Speisen zu kommen!

Die Zunge kostet die Speise, als wäre sie Musik.

Hippokrates

Sprichwörtlich geworden ist die Dolce Vita der kalabresischen Polis Sybaris. So sollen die Sybariten alles Lärm erzeugende Handwerk aus der Stadt verbannt und das Halten von Hähnen verboten haben. Sie hielten Hunde ausschließlich zum Vergnügen und besaßen eigene Weinkeller: das kostbare Getränk wurde durch Kaminrohre direkt von ihren Weinbergen dorthin geleitet. Badewanne und Nachttopf gelten als ihre Erfindung wie die skandalöse Idee, den besten Koch bei Festmählern zu prämieren. Ein Sybarit, den es nach Sparta verschlug, soll sich nicht mehr über den Todesmut der mit ordinären Graupen angedickten Blutsuppe gefütterten Spartaner gewundert haben – lieber sterben als so einen Fraß ertragen!

Kochkunst ist nichts für Sklaven!

Glaukos von Lokroi

Die großgriechische Kochkunst legte Standards fest, die im Mezzogiorno immer noch gelten. Kennerschaft und Passion für frischesten Fisch, *cucina diretta*, die sich an Produkten erfreut und reichlich vegetarische Kost. Im griechischen Süditalien wird erstmals ein Diskurs über Völlerei und gesunde Nahrung, über Fleisch-, Fisch- und vegetarisch-pythagoräische Speisen durchgeführt, der letzten Endes die Grundlage aller Diätetik, aller vernünftigen Ernährung bildet – ein Thema, das aktueller denn je ist.

REZEPT
ARCHESTRATOS VON GELA AMIA (THUNFISCH)
um 330 v. Chr.

Im Herbst, wenn die Plejaden am Horizont versinken, kannst Du Thunfisch auf jegliche Art zubereiten. Warum soll ich Dir darüber lange Vorträge halten, denn Du kannst kaum etwas falsch machen, selbst wenn Du wolltest. Aber wenn du trotzdem wissen willst, o Freund Moschos, auf welche Weise du am besten diesen Fisch auftragen kannst: in Feigenblättern mit nicht zuviel Origano. Keinen Käse, keinen Schickschnack! Bette ihn einfach in die Feigenblätter und binde sie oben mit einer Binse zu. Dann bedecke ihn mit heißer Asche und erkenne in deinem Gemüt den rechten Augenblick, wenn er gar ist und nicht verbrannt.

PFAUENFEDERN UND PAPAGEIENZUNGEN

Ich habe wieder De re culinaria von Coelius Apicius gelesen. Der Mann war ein Spinner. Wer würde heute Siebenschläferfleisch in Honig essen oder Kranich und Storchzunge oder in Honig geschmorten Lauch, bedeckt mit Thunfischeingeweiden?
Pseudo-Leonardo da Vinci, *Note di cucina*

Ob Asterix und Obelix, ob Hollywoodschinken: Das Image römischer Kost ist geprägt von dekadenten Orgien, in denen träge Lüstlinge auf Sofas liegend die ausgefallensten Delikatessen des Imperium Romanum verzehren, um sie anschließend mit Hilfe von Pfauenfedern wieder zu erbrechen.

Hier das Menu. Es wird nichts kosten. Das zarte Zicklein werden die Herden von Tibur liefern. Es hat noch kein Gras gekaut und noch nicht an jungen Weidensprößlingen geknabbert, es hat mehr Milch noch als Blut. Bergspargel, wie ihn die Bäuerin nach getaner Spinnarbeit erntet, dann dicke Eier, noch warm vom Heunest, aus dem sie geholt wurden, und die Hühner, die sie gelegt haben; gelagerte Weintrauben, doch frisch als seien sie gerade gepflückt, Birnen aus Signia, Äpfel, die wie die herrlichsten Früchte aus Picenum duften.

Juvenal

Spannend ist, daß im Vielvölkerstaat des Imperium Romanum Lebensmittel und Rezepte vom ganzen Mittelmeer, dem vorderen Orient und dem gallisch-britischen Bereich aufeinanderprallen. Durch Versklavung kommt es nicht nur zu einem Völker-, sondern auch zu einem Köcheaustausch ungeahnten Maßes. So kann man davon ausgehen, daß reiche Römer von sizilischen Starköchen, denen wiederum Personal aus Nordafrika, Arabien oder Griechenland zur Hand ging, bekocht wurden. Ein ergötzlicher Literaturtipp aus dem 19. Jahrhundert: Das Siegespicknick der Söldner in Gustave Flauberts *Salambo*, das ziemlich alle Rassen und Speisen des Mittelmeers umfaßt, präsentiert virtuos die kulinarische Multikulturalität der Antike.

Daneben entstand ein Delikatessenhandel ungeahnten Ausmaßes. Nicht nur von Lukull aus Kerasos am Schwarzen Meer eingeführte Kirschen, sondern kleinasiatische Feigen, armenische Pfirsiche und dicker Zuchtspargel aus Ravenna, wo «drei Stangen aufs Pfund» gehen, prangen auf den Märkten. Silphium, ein in der libyschen Kyrenaika wachsendes Gewürz, wurde wegen starker Nachfrage und Überweidung bereits zu Neros Zeiten ausgerottet – der Kaiser selbst soll die letzte Staude des Krautes gegessen haben. Gallien lieferte Schinken und Eichelmastschweine, Gänse wurden von der Picardie bis nach Rom getrieben. Seit damals trägt das aus Numidien und Ägypten importierte Perlhuhn den Namen *faraona*.

Neben literarischen Eßdebatten vergißt man leicht die Alltagsernährung. Die bestand in der Kapitale Rom aus Getreidespenden – noch heute sind riesige Speicherhallen am Fuße des Palatin erhalten. Das langfristigste Sozialhilfeprojekt der Geschichte garantierte seit 58 v. Chr. der römischen Plebs eine kostenlose Monatsration von ca. 5 Scheffel (ca. 33 kg) Getreide. Historiker schätzen, daß ca. 150 000 bis 300 000 Römer von dieser *frumentatio* und damit buchstäblich vom täglichen Brot lebten – unter Augustus ein Drittel der stadtrömischen Bevölkerung!

… Aus Stachelflundern und Steinbutt
Bot er uns ein Ragout, wie ich es noch niemals gekostet …
Drauf kommt eine Muräne inmitten von schwimmenden Krabben,
Lang, daß sie die ganze Schüssel bedeckt. Dazu äußert der Hausherr:
Diese war trächtig beim Fang; denn das Fleisch nach dem Laichen ist schlechter.

Und die Tunke besteht aus Öl von Venafrum, dem ersten,
Das aus der Presse geflossen, und Garum von spanischen Fischen,
Fünf Jahre altem Wein, doch von diesseits des Meers, den man zugoß
Während des Kochens – denn nach dem Kochen ist Chier geeignet
Wie kein anderer sonst – aus weißem Pfeffer, auch Essig
Von der Traube Methymnas, die er so schmählich verändert;
Bittern Alant auch zugleich und grünende Rauke zu kochen,
Riet ich zuerst, Curtillus empfahl frischen Igel des Meeres,
Besser als Lake sei ja, was die Schale von Seewasser mitbringt
...es folgten drauf Sklaven,
Die auf riesiger Schüssel zerlegt einen Kranich uns boten,
Trefflich gesalzen und gut paniert, dazu noch die Leber
Einer schneeweißen Gans, die mit saftigen Feigen gemästet.

Horaz, *Cena Nasidieni*

Ist die römische Küche schon protoitalienisch zu nennen? An dieser Frage scheiden sich die Geister. Hilfreich ist die einfache Frage: Was gab es nicht, was heute typisch für Italien ist? Die Römer kannten weder Pizza, Pasta noch Reis, Agrumen allenfalls als Zierbäumchen, keine Auberginen und natürlich nichts Südamerikanisches wie Kaffee, Kakao oder Tomaten. Andererseits ergibt sich eine Fülle regionaler Eßkontinuitäten …

Die römische Küche hat die Grundlagen der italienischen Kochmentalität gelegt. Dazu gehört so Banales wie die Betonung des Abendessens. Wenn heute viele Italiener zum Frühstück mit einem Espresso auskommen, so stehen sie in der Tradition römischer Legionäre, die als *ientaculum* meist nur ein Glas Wasser tranken und erst mittags mit dem kalten *prandium* die erste Mahlzeit einnahmen.

Wie der Landbau die wilde Natur veredelt, so die Kochkunst die Früchte des Landes. Nicht umsonst kommt das Wort Kultur vom landwirtschaftlichen *colere*: bebauen, beackern.

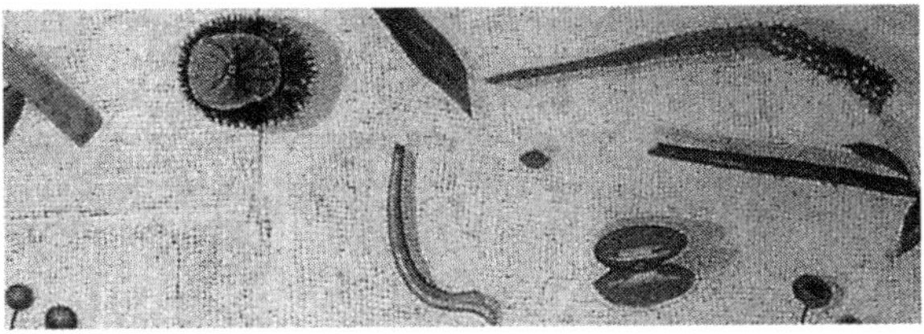

REZEPT
MARCUS PORCIUS CATO
EPITYRUM ALBUM NIGRUM VARIUMQUE
(OLIVENTAPENADE)

um 200 v. Chr

Käsebeilage aus grünen, schwarzen oder gemischten Oliven bereite so zu: Aus weißen, schwarzen oder gemischten Oliven entferne die Kerne. So sollst Du sie einlegen: Zerschneide ihr Fruchtfleisch, gib Olivenöl, Essig, Koriander, Kümmel, Fenchel, Weinraute, Minze dazu und verwahre alles in einem Tonfässchen – das Olivenöl stehe darüber. So verbrauche es.

REZEPT
APICIUS
CUCURBITAS MORE ALEXANDRINO
(KÜRBIS AUF ALEXANDRINISCHE ART)
4. Jh. n. Chr.?

Presse die gekochten Kürbisse aus, bestreue sie mit Salz und schichte sie in eine Pfanne. Zerstoße Pfeffer, Kümmel, Koriandersamen, grüne Minze und Silphionwurzel und schütte Essig dazu. Gib Datteln und Pinienkerne dazu, zerstampfe es, schmecke mit Honig, Essig, Garum, eingedicktem Traubenmost und Olivenöl ab und schütte die Kürbisse darüber. Wenn es aufgekocht hat, streue Pfeffer darüber und serviere es.

LA PASTA ARABA

Es werden die Maccaroni sein, ich schwöre es Ihnen,
die Italien vereinen.
Garibaldi, 1860 in Neapel

Den ältesten hieb- und stichfesten Beleg für italienische Nudeln liefert 1154 der maghrebinische Moslem Al-Idrisi in seiner *Reise des Sehnsüchtigen um die Horizonte zu durchqueren*, die dem Normannenkönig Roger II. von Sizilien gewidmet ist: «Im Westen von Termini (Imerese) gibt es einen Ort, der Trabia heißt, ein bezaubernder Aufenthalt mit ewig fließendem Wasser und vielen Mühlen. Trabia besitzt eine Ebene und ausgedehnte Landgüter, in denen man viel *ytria* produziert und überallhin exportiert, speziell nach Kalabrien und in andere islamische und christliche Länder schickt man sehr viele Ladungen übers Meer.»

Wir behaupten diese Wahrheit: Man denkt, man träumt, man handelt nur gemäß dem, was man trinkt und ißt ... Wir bereiten eine Agilität der italienischen Körper vor, die zu den federleichten Zügen aus Aluminium passt, die die gegenwärtigen schweren aus Ei-

sen, Holz, Stahl ersetzen werden ... Überzeugt, daß in dem wahrscheinlichen zukünftigen Weltenbrand das agilste Volk siegen wird ... halten wir vor allem eins für nötig: Das Verbot der Pastasciutta, dieser absurden gastronomischen Religion Italiens – sie erzeugt: Schlaffheit, Pessimismus, nostalgische Inaktivität und Neutralismus.

F. T. Marinetti,
Manifesto della Cucina Futurista 1930

Keine Frage zur Geschichte der italienischen Küche ist so populär wie die nach Marco Polo (1254–1324). Hat der Venezianer nun die Nudeln von China nach Italien gebracht (oder gar umgekehrt)? In seinem Reisebericht, den die Zeitgenossen *Il milione* (Der Millionenschwafler) nannten, erzählt der Weltenbummler von den Sitten der Chinesen, die er in 17 Jahren am Kaiserhof Kublai Khans kennenlernte (vielleicht aber auch nur aus Erzählungen arabischer Seidenstraßenhändler aufschnappte). Dabei erwähnt er, daß sie in heißem Wasser gekochte *pasta* (Teig) verspeisen. Folgenschwerer ist, daß sein Drucker den Satz ergänzte, Marco Polo habe Nudeln nach Italien mitgebracht. So kamen ausgerechnet die Venezianer, die lieber Risotto oder Gnocchi essen, in den Ruf, die Nudeln in Italien eingeführt zu haben.

Hier bindet man die Weinreben mit Würsten hoch und es war dort ein Berg ganz aus geriebenem Parmesan, auf dem standen Leute, die nichts anderes machten als Maccheroni und Ravioli zu kneten und sie in Kapaunbrühe zu kochen und dann warfen sie sie hinunter und je mehr man fing, desto mehr hatte man; und dort in der Nähe floß ein Flüßchen von Vernaccia, der besten Sorte, die man trinkt, ohne einen Tropfen Wassers.

Boccaccio, *Paese di Bentigodi*

Um 1760 wird Neapel zur Nudelmetropole. Die apulischen Hartweizenfelder des Königreichs Beider Sizilien, die Getreidemühlen an der wasserreichen Amalfitana und um den Vesuv und die virtuose Technik des Nudeltrocknens im Freien bei glühender Sonne und fächelnder Meerbrise bilden die Grundlage dieser einzigartigen Erfolgsgeschichte. Bis heute ist der Mezzogiorno Heimat der *pasta secca*, der trockenen Pasta, die aus Hartweizen mit hohem für die kompakte Verklebung der Nudeln sorgenden Glutenanteil hergestellt wird.

Kaum hat es zwei Soldi, kauft das neapolitanische Volk einen Teller gekochter und gewürzter maccheroni; alle Straßen der vier Volksquartiere haben eine dieser Osterien, die unter freiem Himmel ihre Kochtöpfe aufstellen, wo die maccheroni immer kochen, die Pfannen, wo der Tomatensugo köchelt, die Berge von geriebenem Käse, ein pikanter Käse, der aus Crotone kommt.

Matilde Serao, *Il ventre di Napoli*
(Der Bauch Neapels, 1884)

Wer das Paradies durch eine Tür betritt, ist nicht in Neapel geboren; wir halten unseren Eintritt in den Palast der Paläste, indem wir einen dünnen Vorhang aus Spaghetti behutsam beiseite schieben. Wir wurden in Eile gestillt, während die Spaghetti kochten; rasch nahmen unsere Mütter uns von der Brust und steckten uns ein abgebrochenes Spaghettistück in den Mund; vorher hatten sie mit ihren Lippen das ragù abgeleckt oder es auch nur geküsst. Was hinterlasse ich wohl meinen Kindern, wenn nicht die Spaghetti, die ich erbte?

Giuseppe Marotta, *L'Oro di Napoli*
(Das Gold von Neapel, 1947)

Authentischer Campanien-Export scheint auch die deutsche Sitte zu sein, zu den Spaghetti Gabel *und* Löffel aufzudecken – in Vesuvorten wie Torre del Greco greifen bis heute Einheimische gern zum Löffel, um die oft meterlangen Spaghetti leichter aufzudrehen.

REZEPT
IPPOLITO CAVALCANTI
VERMICIELLI CO LA MOLLICA
(SPAGHETTI MIT BRÖSELN)
1835

Reibe ¾ eines altbackenen Brots, schütte es in eine große Kasserole mit einem halben quarto (ca. 80 g) geputzter und entgräteter Sardellen, Salz, reichlich Pfeffer und zwei misurelle (ca. 0,2 l) gutem Öl, stell es auf den Herd und bräune die Brösel mit wenig Hitze, indem du sie immer mit dem Löffel wendest und das Öl einziehen läßt, und laß sie blond und trocken werden und dann schütt sie auf einen großen Teller. Inzwischen laß Wasser in einem Kessel hochaufwallen und erhitze darin zwei Bündel schöner Vermicelli, und «ganz grün» laß sie abtropfen und gib sie in eine Schüssel vermengt mit den Bröseln und ich sage Dir, daß sie sehr schmackhaft sind.

GEWÜRZE ÜBER ALLES

Wenn Du keine Mandeln hast, nimm Dotter!
Liber de coquina

In den letzten Jahren lichtete sich der Schleier über Italiens Kochmanuskripte, zeichnet sich Neapels Rolle als erste Metropole der europäischen Kochkunst ab. Das älteste Kochbuch *Liber de coquina* ist ab Ende des 13. Jahrhunderts am verfeinerten Anjou-Hof notiert worden – Speisen für Karl von Anjou und Robert den Weisen, den Mäzen Boccaccios, Petrarcas und Giottos! In Italiens einziger Königsresidenz werden arabische, byzantinische, normannische und französische Einflüsse zur Grundlage moderner Spitzenküche verschmolzen. Auch ein Nachhall der innovativen Stauferzeit ist spürbar, etwa eine Art Kaiserschmarrn mit Pinienkernen. Anna Martellotti plädoyiert dafür, Friedrich II. nicht nur als Begründer der italienischen Literatur, sondern auch der italienischen Küche zu entdecken – höchst plausibel, wenn man bedenkt, wie der staufisch-normannische Hof auch sonst zum Mittler zwischen orientalischer Kultur und dem Abendland wird.

Die Seerepublik Venedig wurde zum führenden Importeur orientalischer Gewürze. Im 13. Jahrhundert profitiert sie von der *pax mongolica* und dem sicheren Seidenstraßenhandel. Auch mit den Mamelucken Ägyptens wußte sich die Serenissima zu Preisabsprachen zu arrangieren. Trotz Papst Innozenz III. (1198–1215), der wettert, daß man «neue Emulsionen, neue Sirups herstelle, weil den entarteten Menschen Gottes Natur nicht genüge», wird Gewürzgenuß theologisch abgesegnet: Gewürze kommen aus dem Land der vier Paradiesströme Nil, Ganges, Euphrat und Tigris, Legenden erzählen, der Vogel Phönix (ein Christussymbol) brenne in einem Zimtnest, und schließlich verspricht man sich ganz naiv von der Tatsache, daß Balsamierer Gewürze verwenden, lebensverlängernde Wirkung.

Vergnügungen mögen in sechs Klassen geteilt werden, Geist, Essen, Trinken, Keidung, Sex, Duft und Wohlklang: Unter diesen ist das edelste und folgenreichste das Essen.

Muhammad Al-Baghdadi

Eine «Luxusmedizin» postulierte die Bekömmlichkeit sündteurer Speisen.
So empfiehlt der *Liber de coquina*, Blattgold in Pasteten einzuarbeiten (doch soll der Bäcker vorsorglich nichts erfahren!). Der Anonimo Toscano rät, kostbare Steine in Saucen oder Brühen für Kranke zu schütten: ein katastrophaler Tip, denn Lorenzo il Magnfico soll an geschroteten Diamanten gestorben sein, die ihm sein Leibarzt eintrichterte.

Stätten solider Alltagsernährung waren die Spitalküchen. Das Kloster S. Maria della Scala in Siena reicht im 14. Jahrhundert gekochtes Geflügel, Dinkelmus, in Suppe geriebenes Brot (*panzanella*), aber kaum Nudeln. Man bereitete reichlich Kräuter und Gemüse wie Zwiebeln, Knoblauch, Kohl, Broccoli und Kürbis, der angeblich Herz und Magen kühlt, also gut für Fiebernde ist. Frische Obstkörbe mit Äpfeln, Mandeln, Wassermelonen und Birnen standen in den Krankenzimmern.

Saisonale Kost stand mit Sicherheit am Anfang der menschlichen Ernährung. Doch im Mittelalter gewinnt die jahreszeitliche Küche, das Ernten, Verarbeiten und Essen der Lebenmittel zur rechten Zeit, eine tiefe theologische, ikonographische und gesellschaftpolitische Verwurzelung, die bis in die Gegenwart die Selbstverständlichkeit der *cucina stagionale* Italiens mitprägt.

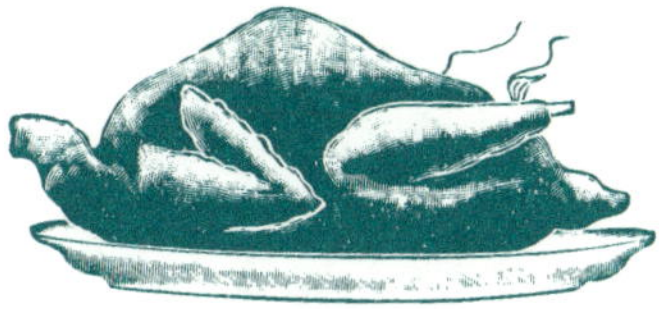

REZEPT
LIBER DE COQUINA DE ALBO CIBO (BLANCMANGER ODER WEISSSPEISE)
13. Jahrhundert

Für die Weißspeise nimm Brüste gekochter Hühner und schneide sie so fein in Streifen, wie Du kannst. Dann wasch Reis, mahle ihn zu Mehl, und siebe ihn. Dann misch dieses Reismehl mit Ziegen- oder Mandelmilch, bring es in einem sauberen Topf zum Kochen und wenn es beginnt zu kochen, schütte die geschnipselten Hühnerbrüste mit weißem Zucker und Speck hinein, gib acht, daß kein Rauch dazukommt, und laß es auf schwacher Flamme ohne die Wut des Feuers köcheln, und es soll fest werden, wie Reisbrei zu sein pflegt, und schütte darüber zerdrückten Ingwer und gebratenen weißen Speck, und Du kannst es auch mit ganzen Reiskörnern und Ziegenmilch auf ultramontane Art zubereiten. Wenn es serviert wird, gib geröstete Mandeln darüber, Zucker und ganzen hellen Ingwer, und man nennt es auf französisch blanc mangier, d. h. weiße Speise.

REZEPT
ANONIMO MERIDIONALE
LIMONIA DE PESCIE
(FISCHSUPPE MIT MANDELN)
14. Jahrhundert

Um Suppe aus großen Meeresfischen zu machen, wasch den Fisch, schneid ihn und brat ihn mit wenig Öl an. Nimm ganze Mandeln, und stampfe sie durch ein Sieb. Laß die Mandelmilch mit den genannten Fischen aufkochen. Misch Gewürze ohne Safran hinein, bevor du es vom Feuer nimmst, und misch Saft von Bitterorange und Zitrone darunter. Diese Speise heißt limonia de pescie.

CATERINAS GABEL

Die Italiener waren die ersten, die aus dem
mittelalterlichen Morast
von Soßen und Gewürzen auftauchten.
Massimo Montanari

Bartolommeo Sacchi, in schwungvollem Humanistenlatein Platina getauft, veröffentlichte 1474 *De honesta voluptate* (Die ehrbare Lust): das erste gedruckte Kochbuch.
Schon der Titel war Provokation und Programm. Denn der Bibliothekar am Papsthof zielte damit gegen die mittelalterliche Verdammung der Völlerei. Statt dessen wappnet er sich mit antiken Autoritäten, um «jene heilsame Methode der Ernährung, die die Griechen Dieta nannten», zu propagieren. Für Platinas ganzheitlich-aristotelische Säftelehre hat Essen die Funktion, die Harmonie des Körpers permanent wiederherzustellen und Mängel auszugleichen: im Winter heißes Kochfleisch, im Frühjahr viel Gemüse, im Frühsommer Kaltes, im Spätsommer Pikantes. Im übrigen plaudert er in seiner Wellnesstheorie auch über Betten, Häuser und Sex, der nachts gesünder als tagsüber sei.

Nicht kitzeln den Appetit die bianchi mangiari oder die Wachteln mit Zucker und Rosenwasser, aber die Koteletts und die Bratwürste sehr wohl!
Pietro Aretino

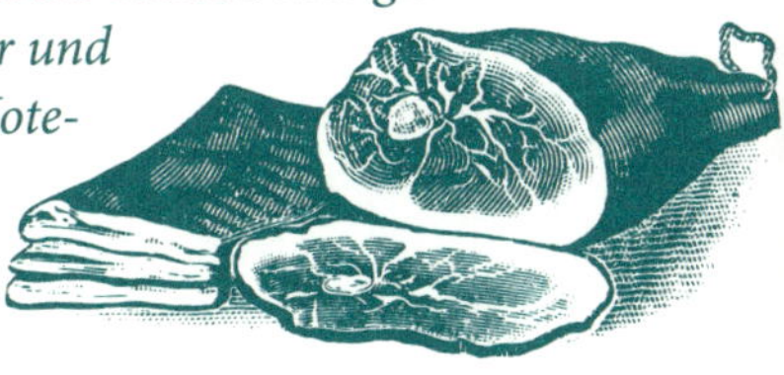

Wer ist so töricht, nicht nach dem Vergnügen des Geistes und des Körpers durch maßvolles Essen zu streben?

Platina, *De honesta voluptate*

Als Schlüsselereignis in der Entwicklung europäischer Kochkunst gilt die Hochzeit, die die 14jährige Caterina de Medici, Tochter des Herzogs Lorenzo II. von Urbino und Nichte Papst Clemens VII., 1533 mit dem gleichaltrigen späteren französischen König Henri II. in Florenz feiert. Zu diesem Anlaß ließen die steinreichen, vor wenigen Jahrzehnten in den Adel aufgestiegenen Medici alles auffahren, was die verfeinerte italienische Renaissanceküche zu bieten hatte.

Besonders ein Utensil fesselte die Aufmerksamkeit der französischen Gesandtschaft – die Gabel Caterinas. Schon ein halbes Jahrtausend früher hatte die byzantinische Prinzessin Theodora, die den Dogen Domenico Selvo (1071–84) heiratete, mit ihrer goldenen Gabel die Gemüter erregt, denn man hielt sie schlichtweg für eine Teufelsforke.

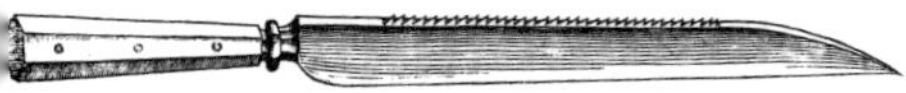

Vor jene Personen, denen eine besondere Ehre erwiesen werden soll, stellen sie große silberne Platten. Darüber liegen eine vierfach gefaltete Serviette, Brot, Messer, Löffel und Gabel.

Michel de Montaigne in Italien

Geometer beim Auswählen und Anrichten der Stücke, rund, viereckig, hell und dunkel, je nach Gericht und Platte. Matematicus beim Berechnen all der Schüsseln und Töpfe; mit den Augen des Malers bereitet er die Braten, Saucen und Tunken; Arzt sei er, denn da er wisse, was leicht und was nur schwer verdaulich, lasse er in rechter Reihenfolge nur servieren, und Chirurgus sei er außerdem, der gut tranchieren kann. Und schließlich Philosoph, der die Natur der Speisen kennt, die Jahreszeiten, die Feuerelemente.

Sperone Speroni (1500–88) über den *cuoco universale*

Das demonstrative Eintauchen der Finger in mit Rosen- oder Zitronenwasser gefüllte Schälchen wird fester Bestandteil des Renaissancezeremoniells. So läßt Cristoforo da Messisbugo nach dem ersten Service Goldschalen zum Händewaschen reichen und das Tischtuch wechseln, aber auch auf gemalten Abendmählern schimmern immer häufiger Handwaschschüsseln. Bis jetzt lebt im Wort *cameriere* (Kellner) der gewandte Kammerdiener der Fürstenbanketts fort.

Heute wieder großen Anklang findet seine Idee, die Speisefolge in ein Programm aus musikalischen, theatralischen und akrobatischen Darbietungen einzubetten – Tafeln im Palazzo-Stil. Schon unter seinem Vorgänger Francesco Colle kamen die Gäste der Este in Ferrara in den Genuß, Komödien Ariosts mit Gaumenfreuden zu kombinieren.

Il cibo parla
(Essen verrät viel).
Massimo Montanari

Alle Tiere müssen mit reinen und ausgewählten Lebensmitteln ernährt werden, bevor wir sie essen!
Marsilio Ficino, *De vita longa*
(1489, Erstdruck 1503)

REZEPT
MAESTRO MARTINO
PER FARE UNA VENTRESCA DI VITELLO PIENA
(GEFÜLLTE KALBSBRUST)
um 1450

Nimm die Kalbsbrust und schneide an der Seite eine Tasche hinein, so groß, daß man die Füllung hineingeben kann, die aus den nachfolgend beschriebenen Zutaten bestehen muß, nämlich aus etwas gut abgelagertem Hartkäse, Safran, Rosinen, etwas Petersilie, Majoran und gut gewiegter Minze, und mische alle diese Zutaten zusammen, dann füll sie in die Kalbsbrust und laß sie gar kochen.

ASKESE UND PAPSTKÜCHE

Engel essen einmal täglich, Menschen zweimal,
was darüber hinausgeht, ist tierisch.
Italienisches Sprichwort

Auf lange Sicht haben das radikale Essdenken der Wüstenväter und die fleischlichen Vorlieben der germanischen Einwanderer die Küche Italiens konditioniert. Es pendelte sich ein Gleichgewicht ein: mönchisch-fleischlos oder weltlich, doch von religiösen Tabus eingeschränkt. So wurden in weiten Teilen Italiens ca. 100–150 Fastentage (bis 1491 mit veganer Strenge) polizeilich überwacht, auch wenn es nicht jeder so streng hielt wie der hl. Nikolaus, der bereits als Baby an Fasttagen die Mutterbrust verschmäht haben soll. Dieses Regime führte zu einer scharfen Trennung von Fleisch- und Fischküche – anders als die französische Haute Cuisine finden die meisten Italiener kombinierte Menus als geschmacklos und tendieren dazu, Fisch nur am Meer zu essen. Reibekäse auf Nudelgerichte mit Fisch zu streuen ist noch heute kraft christlicher Tradition ein Fauxpas.

Der erste Mensch wurde aus dem Paradies gejagt, weil er mehr seinem Bauch als Gott diente.
Hieronymus

Das uns Moderne eher maßvoll vegetarisch anmutende Verzehren eines Apfels wird zur Todsünde der *gula* (Völlerei) und zur Initiationssünde, die andere nach sich zieht:

Das war der doppelte
dramatische Fehltritt Adams,
gegessen zu haben
und das mit einer Frau.
Massimo Montanari

Bibamus papaliter – soll Benedikts XII. Trinkspruch gelautet haben, während Pauls IV. sich als hygienische Prophylaxe die Zähne mit Falerner putzte: Schlemmende, zechende und damit sündigende Päpste waren natürlich ein gefundenes Fressen für die kurienkritischen Tendenzen spätmittelalterlicher Armutsbewegungen und später der Reformation – hier blühten die Anekdoten über menschelnde Päpste wie heute in der Klatschpresse.

Die heutige Schizophrenie macht nichts anderes, als die mittelalterliche Philosophie des Exzesses verschlechternd nachzubilden: man martert sich bei Tische, verweigert sich Wein und Leckerbissen, mit dem Ziel, immer immuner und perfekter zu erscheinen. Das ist das Rezept des Essens als Arznei.

Carlo Petrini, Slow-Food-Gründer

In der Renaissance, in der die Macht der Päpste gegenüber dem rebellischen Stadtadel gefestigt erscheint, wird Rom mit neuem Elan zur Kapitale des Papsttums ausgebaut. Die Kurie entwickelt sich zu einem mäzenatischen Anziehungspunkt für Künstler, Architekten und Humanisten, die das zeitgeistige Projekt eint, die antike Grandezza Roms unter päpstlicher Flagge neu zu beleben. Durch die Imitatio römischer Feste wird Rom auch zu einer Metropole der Renaissanceküche, wo der spanische Skandalpapst Alexander VI. Borgia als makabres Memento Mori Pfauenfleisch in Schädelkalotten serviert und so kulinarisch mit der Auferstehungsidee spielt.

Da Gott uns das Papsttum verliehen hat,
laßt uns es auch genießen.
Leo X. (1513–21)

Anekdoten berichten, daß Leo X. ganz im Stile des römischen Kaisers Vitellius Papageienzungenpudding gemocht haben soll und Festessen schätzte, bei denen goldenes Tafelgeschirr in den Tiber geworfen wurde (wo vorsorglich Netze aufgespannt waren). Als Leos Bruder Giuliano ins römische Patriziat aufgenommen wurde, schickte der König von Portugal für das öffentliche Festmahl auf dem Kapitol einen Papst und 12 Kardinale aus Zucker in Lebensgröße! Als die 4000 Gäste übersatt waren, begannen sie zum Zeitvertreib gebratene Fleischstücke den Gaffern zuzuwerfen.

Der epochale Höhepunkt der päpstlichen Küche war das Gastmahl, das der Chigipapst Alexander VII. (1655–67), Bauherr der Kolonnaden des Petersplatzes, für Christina von Schweden gab. Die Romreise der Tochter Gustav Adolphs, die spektakulär zum katholischen Glauben konvertierte, glich auch einer kulinarischen Tour de force. Fürstenhöfe und Städte wetteiferten darin, die «Päpstin» mit besonders prunkvollen *trionfi* (Tafelaufsätzen) aus Zuckerguß und Marzipanbäumen zu entzücken. In Rom speiste die *papessa* auf einem von Bernini für diesen Anlass entworfenen Thron (Kritiker spotteten, Berninis marmorne Reiterstatuen sähen wie Marzipanfiguren

aus!). Die heikle Etikettefrage – Päpste pflegen nicht mit Damen zu speisen – wurde dadurch gelöst, daß ein zwischen beiden plazierter Monsignore die Konversation übernahm.

Präsenz des Religiösen in der metaphorischen Bildersprache des italienischen Essens: die schlemmenden Mönche boccaccesker Novellen leben bis heute in Ausdrücken wie *strozzapreti* (Priesterwürger, trentinische Spinatnocken) oder *strangolapreti* (dicke Nudeln) fort. Der weltberühmte Cappuccino, man vergißt es fast, verdankt seinen Namen der braunen Kutte der Kapuzinerpatres. Der toskanische Vin Santo verballhornt eine Herkunftsbezeichnung (süßer «Zyperwein» aus Santorin) ins Religiöse.

REZEPT

BARTOLOMEO SCAPPI
BRODO APOSTOLORUM
(APOSTELBRÜHE)

1570

Man mache eine Fleischbrühe, in der gelbe Cervelatwürste, Schweinebacken und Hammelrücken kochen, und diese Brühe färbe man mit Safran, gemischt mit Pfeffer und Zimt, und im Sommer füge man sauren aromatisierten Traubenmost (agresto) hinzu, und wenn diese Zutaten gekocht sind, nehme man die gesäuberte und gewaschene Petersilie zusammen mit anderen Kräutern, schneide sie klein und gebe sie in diese Brühe, und wenn sie kurz aufgewallt ist, serviere man sie sofort auf Brotscheiben, und das Fleisch werde in Stücken auf dem Teller verteilt. Seid aber gewarnt, daß diese Brühe nicht ruhen sollte, denn die Petersilie verlöre ihre frische Farbe, und diese Speise genießt man im Sommer in Rom, und wenn man will, kann man sie mit geriebenem Käse und aufgeschlagenen Eiern vermählen.

ALEATICO BAROLO CHIANTI
VINO ITALIANO

Ich glaube, man findet in Menschen, die in der Nähe guter Weine geboren sind, viel Glückseligkeit.

Leonardo da Vinci

Orientalischen Pharmazeuten ist die Entdekkung der Liköre (und der in Alkohol gelösten Arzneien) zu verdanken. Der Anisschnaps Sambuca ist nach sarazenischen Gewürzschiffen (*sambuco*) benannt, und das Urrezept aller *limoncelli* findet sich im *Traktat der Lebensmittel* des ägyptischen Juden Ishaq Ibn Suleyman al-Israeli.

Italien von den Alpen bis zum sizilischen Capo Lilibeo bereisend bemerkte ich, wie prall dieses Italien ist an Geschichte, Glorie und großen Ereignissen, so daß es genügt sich wenige Kilometer zu bewegen, um Zeitalter und Ereignisse zu wechseln, um neue Namen lernen zu müssen und vor unerwarteten Denkmälern, vor der Mannigfaltigkeit der Ansichten, Panoramen, Straßen, Sitten und Traditionen zu staunen. Das Gleiche gilt für den Wein und die Küche, Hunderte sind die Spezialitäten unserer Erde und Hunderte die Weine, die es wert sind, getrunken zu werden: auch auf diesem Feld ist die Heimat verpflichtend, trächtig und prall, es bedürfte eines Magens wie eine Bibliothek, eines Bauchs wie eine piemontesische Kellerei …

Paolo Monelli, *Il ghiottone errante*
(Der herumschweifende Schlemmer, 1935)

Eine wichtige Kulturleistung der frühen Kirche ist, durch die Sakralisierung von Brot, Wein und Öl vegetarische Tendenzen der Antike durch Neuinterpretation zu bewahren.

Der erste Deutsche, der Balsamessig kostete, könnte der Salierkaiser Heinrich III. gewesen sein, dem um 1050 der toskanische Herzog Bonifacio III. eine Phiole des sauren Edelmostes in einer silbernen Miniatur-Kutsche zusandte.

Sommelierwissen sprudelt in der Renaissance auf: Der Brief, in dem der *bottigliere* Sante Lancerio an Kardinal Guido Ascanio Sforza, Camerlengo der Römischen Kirche, 1559 über die Lieblingslagen Papst Paul III. plaudert, gilt als Inkunabel der önologischen Fachsprache. Lancerios besonderes Lob geht an den toskanischen Montepulciano, während er französische Tropfen abfertigt: *in Roma non sono vini da Signori.*

Ein spannendes Kapitel sind die Trinkgewohnheiten der Italiener. Eine unverändert gültige Statistik behauptet 1884, daß im Norden doppelt soviel wie im Süden getrunken wird.

In Venedig versorgen *baccarì* ab 8 Uhr früh die Schauerleute mit den ersten *ombre* (die Weinhändlerstände lagen im «Schatten» des Campanile), im Mezzogiorno wird Wein strikt nur zum Essen gereicht. In Kalabrien ein Glas an der Bar zu trinken, ist verpönt, während von Verona bis Viterbo eine Enoteca nach der anderen aufmacht. Dieser Modebegriff, 1934 von Arturo Marescalchi vorgeschlagen, inspirierte sich an altdeutschen Weinstuben!

Libro contro litro! (Lesen statt Zechen)
Motto des Sozialistenführers Filippo Turati

Die Vorstellung, nach dem Dessert oder gar nach Grappa, Amaro oder edelsüßem Friauler Piccolit noch eine «gute Flasche» zu entkorken, befremdet die meisten Italiener. Bezeichnenderweise hat sich die Werbewirtschaft für solche Genüsse den hochgestochenen Begriff *vino da meditazione* ausgedacht.

CUCINA BAROCCA

Kochen ist eine Kunst, die Kunst eines Genies, und derjenige, der weder Talent noch Geschmack hat, darf nicht vom Kochen sprechen. Nur jener wird ein exzellenter Koch werden, der kreativ ist und die prächtigste Tafel decken kann. Wer diese anspruchsvolle Kunst pflegen will, sollte über Erfindungsgabe und Geist verfügen.

Vincenzo Corrado, *Il Cuoco Galante*

Die Schnellebigkeit und pompöse Vergänglichkeit eines Festes zu inszenieren, reizte die barocke Improvisationsgabe. Wie in der zeitgenössischen Baukunst ist der *concetto* (Konzept), die originelle Aufmachung durch Koch, Speisemeister oder Aufschneider entscheidend – eng verbunden ist damit der neue Glaube an kreative Küche und kulinarischen Fortschritt. Auch an der Tafel ist der Barock eine Epoche des Designs, und Meister wie Bernini sind sich nicht zu schade, allegorisches Zuckerwerk für Fürstenessen zu entwerfen.

In diesem Jahrhundert hat niemand ein besseres Laster erfunden als den Kaffee.

Giacinto Cestoni, 1697

À la longue entscheidender als Schauluxus ist der Produktwandel durch die Entdeckung Amerikas. Denn mit dem Königreich Neapel-Sizilien und der Lombardei gehörten weite Teile Italiens zum spanisch-habsburgischen Weltreich, in dem die Sonne nicht unterging, und profitierten so eher als andere von neuentdeckten Pflanzen. Ab dem 17. Jh. entfaltet die «schleichende kulinarische Revolution» ihre volle Wirkung. Heute ist italienische Küche ohne Polenta, Tomaten, weiße Bohnen und Peperoncini undenkbar.

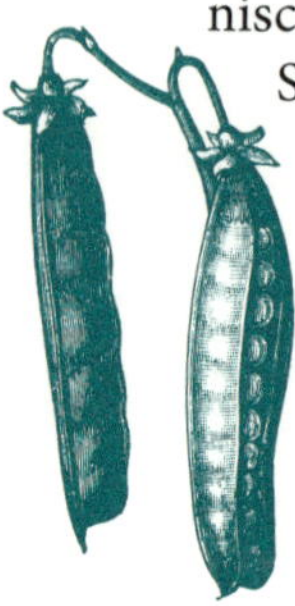

Selbst die Bauern in diessen heissen Gegenden traktieren sich während der Sommerhitze mit Eis … eine Schneehungersnoth würde ihnen, wie sie selbst sagen, noch empfindlicher fallen, als Mangel an Getraide oder Wein.

Patrick Brydone, 1770

Bis auf Pfeffer werden im 17. Jahrhundert die Gewürze immer mehr zugunsten einheimischer Kräuter aufgegeben. Basilikum, Schnittlauch, Minze, Petersilie halten als «arme», aber frische Kräuter Einzug in die italienische Küche – als Reaktion auf die durch die portugiesische Indienseefahrt fallenden Gewürzpreise. Gerade deswegen reizten sie das Publikum luxuriöser Kochbücher nicht mehr, das nun auf neue Einfachheit setzte.

Im Prinzip steht Italiens Speisezettel mit dem Barock, dieser Epoche kulinarischer Bewußtseinsbildung, ja Systematisierung und auch Intellektualisierung der Küche, fest. Wenn heute Osterien und Trattorien zur *cucina casareccia* zurückkehren, so haben die meisten Rezepte ihren noch heute gültigen Schliff damals erhalten – spätestens im Settecento essen die Italiener Pasta, Pizza und Tomaten.

Bewußt sucht Bartolomeo Stefani, Küchenchef der Mantuaner Gonzaga, für seine verwöhnten Klienten das Exotische wie polnische Suppen, portugiesische Brezeln oder englischen *pasticcio*. Von der Raffinesse seines Kochstils künden eine persisch anmutende Taubensuppe mit Milch, Malvasier, *pan di spagna* (Biskuit), Zimt, Pistazien und in Rosenwasser getränkte Pinienkerne oder ein gespickter Hase mit Rosmarinblütenessig. Andererseits taucht mit Stefani erstmals ein einkaufsorientierter Rezeptautor auf, der ganz praktisch die *spese* (Einkauf, Ausgaben) für den *vitto ordinario*, die Alltagskost des bürgerlichen Mittelstandes, beschreibt.

Die politische Zersplitterung in viele Fürstenstaaten hat dem regionalen Reichtum der italienischen Küche durchaus gutgetan.

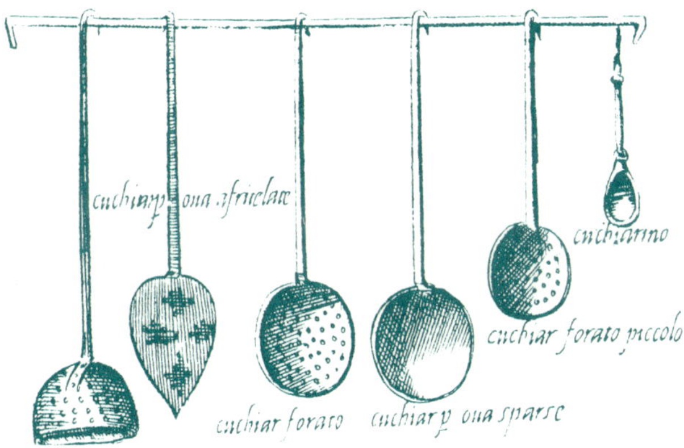

REZEPT
BARTOLOMEO STEFANI
SALSA DI FIOR DI GELSOMINI (JASMINBLÜTENSAUCE)
1662

Nimm ein Pfund Jasminblüten, stampfe sie im Mörser, mit einer halben Unze Zimt, löse zwei mostaccioli-Kekse aus Neapel in einem Pfund Rosé-Essig und zwei Unzen Zucker, laß diese Komposition in einem steinernen Gefäß mit Deckel kochen bei schwachem Feuer.
Diese Sauce paßt gut zu Leber, Braten, Koteletts und anderen Dingen.

CUCINA POVERA

Je einfacher das Rezept,
desto schmackhafter das Resultat.
Lorenza De Medici

Eines steht fest: es gibt eine italienische Speisementalität des virtuosen, ja lustbetonten Maßhaltens, die schon aus der Fressorgienkritik antiker Dichter spricht: Das horazianische *Est modus in rebus* könnte als Motto über der Geschichte der italienischen Küche stehen, auch wenn sich periodisch Opulenz und Bescheidenheit abwechseln. Sybariten und reiche Römer, mittelalterliche Gewürzfreaks und barocke Gourmands verlieren nie ganz den Kontakt zum Wohlgeschmack simpler Basisprodukte.

Gemüse und Früchte unübersehlich, Knoblauch, Zwiebeln nach Herzenslust.

Goethe

Italienische Reise, auf dem Markt von Verona

Ein globaler Welterfolg der *cucina povera* ist der Salat. Die «gesalzene» Schüssel aus Blättern und Kräutern, «die ja den Tieren weggegessen wird» (Costanzo Felice, 1569), verrät viel über italienische Küchenmentalität. Bittere Wildkräuter wie Trentiner Löwenzahnsalate oder die römischen *puntarelle*, die mit Anchovissauce gereicht werden, suggerieren unverfälschten Kontakt zur «wilden» Natur. Noch heute rupfen sich mitten im Herzen der Millionenstadt Wildkräutersucher in den Festungsgräben der Engelsburg ihre *misticanza*, ihre persönliche Salatmischung.

Wenn Luigi zu Mittag ißt, hat niemand außer seiner Mutter etwas in der Küche zu suchen. Der sechzigjährige Mann sitzt im Unterhemd am Küchentisch, während Maria in der Nähe des Herdes steht, ihn beobachtet, gebrauchte Teller wegnimmt und neue Speisen aufträgt. Es ist zwölf Uhr mittags. «Luigi ißt mit dem Papst», sagt Maria. Ihr ältester Sohn ist ihr schwierigster Gast. Reinheit ist sein Ideal, und er weiß, daß man heute auswärts nur selten noch etwas Reines zu essen bekommt. «Woher kommt das Öl?» fragt er. «Von Ugo», sagt Maria.

«Woher kommt der Wein?» fragt er. «Von Mario», sagt Maria. Das ist die Unterhaltung, viel mehr wird nicht gesprochen.

Martin Mosebach,
Die schöne Gewohnheit zu leben. Der Golf von Neapel in Sprichwörtern (1997)

Essig, Öl, Salz – bis heute bilden sie in Trattorien die kanonische Würztrias für den Salat, selbst Pfeffer gilt schon als Verfremdung des Geschmacks frischer Kräuter. Nach dem Prinzip klarer frischer Aromen hat Italien keine Dressings oder mit Sahne und Senf angereicherten Saucen entwickelt – statt dessen macht der Gast selbst seinen Salat an, um das maximale Geschmackserlebnis naturbelassener Frische zu haben.

Das Innere der römischen Schenke, wie sie sein soll: die dicke Wirtin am Büfett, der schmerbäuchige Wirt bei den Stammgästen, die Ballonmütze auf dem Römerhaupt, der schmierige Kellner, die Serviette über der Schulter und den Zipfel im Munde, mit Grandezza bedienend, indem er die nur vom Weine gereinigten Finger in Flaschenhälsern und Gläsern stecken hat ... Zigarrenqualm, spuckende Römer, Flüche, gewagte Scherze, krächzende Römerinnen von ungeheurer Fülle und in einem lauschigen Winkel ein Tisch mit blonden Künstlern à la Waiblinger.

Hans Barth, *Osteria*, 1908

Alles was an der Tafel meines Sire Lodovico aufgetischt wird, verwirrt mich. Jedes Gericht ist von monstruöser Verwirrung. Alles ist viel zu üppig. So aßen die Barbaren. Doch wie kann ich ihn überzeugen, wenn er meine Gerichte auf der Basis von edlen Broccolis verachtet und keinen Platz findet für meine Pflaumen, die von einer feinen Karotte begleitet werden? Denn es ist mehr Schönheit in einem Kohlröschen, mehr Würde in einer einzelnen schlichten Karotte als in seinen 12 vergoldeten Töpfen, vollgestopft und angehäuft mit Fleisch und Knochen; es ist mehr Erhabenheit in einer gedörrten Zwetschge, mehr Substanz in zwei grünen Bohnen. Die Einfachheit ist alles, was mein Sire entdecken muß.

Pseudo-Leonardo da Vinci?, *Note di cucina*

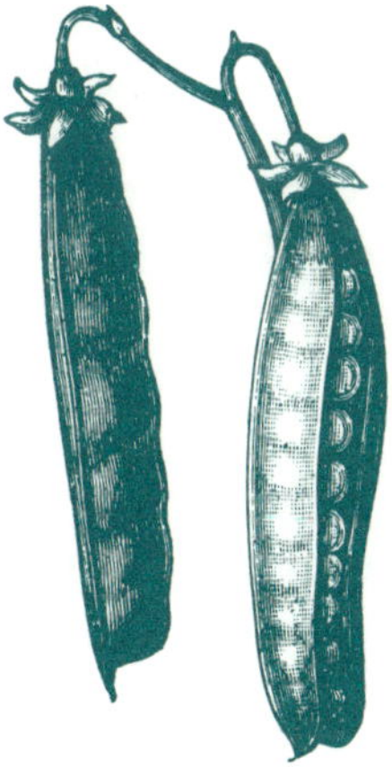

REZEPT
VINCENZO CORRADO
POMIDORO ALLA NAPOLITANA
(TOMATEN AUF NEAPOLITANISCHE ART)
1773

Die Tomaten werden geschält, geteilt und entkernt, dann auf einem ölgetränkten Blatt Papier in eine Tortenform geschichtet. Man füllt sie mit Sardellen, Petersilie, Origano und Knoblauch, alles fein gewiegt und mit Salz und Pfeffer abgeschmeckt; bedeckt mit geriebenem Brot bäckt man sie im Ofen und serviert sie.

DER DRESCHENDE DUCE

Ostern nahte, und Ostern, das in meinem Heimatdorf nach Rosmarin roch, roch in Mailand nach Asphalt, Espresso, Schokolade und Campari.
Giovanni Tittarosa

L'*Italia e fatta, facciamo gli italiani* – Italien ist geschaffen, jetzt laßt uns die Italiener schaffen! Das Bonmot Graf Cavours, unter dessen Ägide Italien 1861 zu einem Staat vereint wurde, läßt sich auch auf die Küche anwenden. In der neuen Nation, die – wie es in der Nationalhymne heißt, *dalle Alpi alla Sicilia* reichte, prallten unterschiedlichste Dialekte, Mentalitäten und Esskulturen aufeinander. Der Süden kochte mit Olivenöl, der Norden mit Butter, Artischocken und Auberginen galten in Florenz als exotisch oder «jüdisch». Der Käse, in Kalabrien oder Sizilien Antipasto, war in Mailand oder Rom ganz wie in Paris Schluß eines Essens. Während man in Bologna Parmesan auf die Nudeln streute, verwendeten Süditaliener Pecorino, Ricotta salata oder Sarden *bottarga*, geriebenen Meeräschenrogen.

Allenfalls Armeleutegerichte wie Minestrone, Stockfisch oder Pasta mit Bohnen hielten die Nation kulinarisch zusammen, während Spaghetti und Pizza in weiten Teilen Italiens unbekannt waren.

1860 wurden die Bourbonen von dem Pizzaesser Garibaldi vertrieben, Neapel ist keine Hauptstadt mehr, verarmt zusehends. Schlechte Karten für die neue Dynastie Italiens, die Savoyer. Bis Königin Margherita bei einem Neapelbesuch auf einen genialen Publicity-Einfall kommt. Demonstrativ läßt sie sich von dem *pizzaiolo* Raffaele Esposito Pizza im Palast backen. *Don Rafè*, der im Eselskarren anfuhr, hatte die Idee, die Königspizza mit weißer Mozzarella, grünem Basilikum und roten Tomaten in den Farben der italienischen Trikolore zu belegen und diese Komposition der Königin zu widmen. Neapels Pizzaklassiker, die Margherita war entstanden.

Ein Florentiner Bankier traf mit seinem Kochbuch den Zeitgeist des Risorgimento. Pellegrino Artusi (1820–1911) hatte im Studium die volkstümliche Küche im «fetten» Bologna (*Bologna grassa*) erprobt und als Seidenverteter in verschiedenen Regionen Mittelitaliens gespeist. Als kein Verleger anbiß, probierte er es im Eigenverlag und gab 1891 gut 500 in launige Essays verpackte Rezepte heraus: *La Scienza in cucina e l'Arte di mangiar bene* (»Von der Wissenschaft des Kochens und der Kunst des Genießens«). Mit revolutionären Vertriebsmethoden wie Zeitungswerbung und Direktmailing gelang es, Aufmerksamkeit zu erwerben. Daß der «Artusi» zum Riesenerfolg wurde, hängt damit zusammen, daß sein unterhaltsamer Stil ankam und seine Rezepte Gebrauchswert hatten. Generationen italienischer Bräute bekamen ihn zur Aussteuer als ersten Schritt in eine erfolgreiche Casalinga-Existenz geschenkt.

Man kann Artusis Werk fast als Handbuch für die Pflege von Ehemännern ansehen.

Davide Paolini

Mit Artusis Erfolgsstory wird der italienische Rezeptkanon auf bestimmte Regionen festgezurrt. Für den in Florenz ansässigen Romagnolen Artusi steht die Küche der Toskana (das gelobte Kulturland!), aber auch die Emilia-Romagna im Vordergrund: «Wenn ihr von der Bologneser Küche sprechen hört, dann erweist ihr eure Reverenz, denn sie verdient es.»

Mit meinem Handbuch kann jeder, der einen Kochlöffel zu halten vermag, etwas zustande bringen!

Pellegrino Artusi

Das wahre Problem der *cucina fascista* war die Grundversorgung. Der Duce selbst läßt sich mit proletarisch-nacktem Oberkörper als Erntehelfer in der *battaglia del grano* (Getreideschlacht) fotografieren. Durch die Entscheidung Mussolinis, die Auswanderung zu verbieten, und den internationalen Boykott nach dem Abessinienkrieg kam es zu gravierenden Nahrungsmittelengpässen. Für viele Italiener war der Bibelspruch vom täglich Brot Alltag – allenfalls aufgewertet mit etwas Salz, Ricotta, Öl, Knoblauch oder Tomaten.

REZEPT
PELLEGRINO ARTUSI
CROSTINI DI CAPPERI
(KAPERNPASTE)

50 g Kapern in Essig
50 g gemahlener Zucker
30 g Korinthen
20 g Pinienkerne
20 g Schinken mit Fettrand
20 g Orangeat/Zitronat

Zerdrückt die Kapern grob, pflückt die Stiele der Korinthen ab und wascht sie gut, schneidet die Pinienkerne quer in drei Teile, würfelt den Schinken fein und zerteile das kandierte Obst in kleinste Stückchen.
Stellt in einer kleinen Pfanne einen Löffel mit Mehl und zwei von dem erwähnten Zucker aufs Feuer und wenn diese Mischung sich braun verfärbt, dann schüttet ein halbes Glas Wasser vermischt mit sehr wenig Essig hinein. Wenn es aufgekocht ist, so daß die Klümpchen sich aufgelöst haben, dann werft in die Pfanne alle Zutaten auf einmal, und laßt sie zehn Minuten aufkochen, wobei ihr hin- und wieder

kostet, ob der kräftige süße Geschmack paßt. Wenn die Masse noch warm ist, dann streicht sie über Scheiben von Brot, das in gutem Öl gebraten ist oder einfach frisch geröstet ist. Ihr könnt diese rustikalen Crostini auch in der Mitte der Mahlzeit servieren, um den Appetit eurer Tischgenossen anzustacheln.

REZEPT
PETRONILLA
I SALTIMBOCCA
(RÖMISCHE KALBSSCHNITZEL MIT SALBEI UND SCHINKEN)
um 1930

Wen seh ich – bei der Metzgerin Nene – damit beschäftigt, sich Kalbsschnitzel abschneiden und klopfen zu lassen?
Meine liebe Leda … und die merkt, daß auch ich Kalbsschnitzel ordere …
Was machst Du daraus?
Ich werde ein leicht und schnell zuzubereitendes Gericht machen, relativ günstig und sehr appetitlich: eine Saltimbocca … ich werde jede der Scheiben teilen und Stück für Stück breiter klopfen; auf jede werde ich ein Blättchen Salbei legen und auf den Salbei etwas geschnittenen Kochschinken …; und mit einem Zahnstocher werde ich Salbei und Schinken auf jeder Scheibe feststecken …

SLOWFOOD UND STERNEGENUSS

«Gegenwärtig ist in der italienischen Küche nur das Volksmäßige lobenswert»
Karl Freiherr von Rumohr
Vom Geist der Kochkunst, 1832

Seit den 1980ern entwickelte die Slow Food Bewegung eine Dynamik, die schließlich die ganze Nation mitriß. Präsident Carlo Petrini, 1949 mit Hilfe einer Hebamme namens Gola im bäuerlich-piemontesischen Schlaraffenland von Bra geboren, erzählt die hübsche Anekdote, wie er sich auf einen Ausflug zu den toskanischen Genossen von Montalcino freute (Brunello vor Augen) und dann von den *compagni* mit wässriger Aquacotta-suppe und dünnem Wein abgespeist wurde. Ein Schlüsselerlebnis, denn Petrini beschloss, überall das Regionale zu finden und zu fordern. Weltweites Aufsehen erregte das Protestspaghettiessen 1986 auf der Spanischen Treppe gegen die Eröffnung des zweiten McDonalds Italiens.

Die Nachkommen der Podolica-Kühe leben heute wild oder halbwild in der Basilikata; sie ernähren sich von Gräsern, Pflanzen, Malven, Wacholder, Blaubeeren, wilden Erdbeeren und Hundsrosen …

Davide Paolini, *Prodotti Italiani*

Der Trend der italienischen Küche zielt in den letzten Jahren auf Erweiterung des Produktangebots, auf Experimentieren mit den kulinarischen Schätzen des Landes – fast verschwundene historische Delikatessen wie geräucherter Schwertfisch, Colonnataspeck oder Dinkelsuppen sind wieder in.

Gegen den globalen Wahnsinn des Fast Life muß man die Verteidigung des ruhigen Vergnügens an den Dingen wählen. Gegen diejenigen, und das ist die Mehrzahl, die Effizienz mit Hetze verwechseln, schlagen wir eine Impfung mit einer passenden Portion sicherer sinnlicher Vergnügen vor, die in langsamem und nachhaltigem Genuß praktiziert wird. Wir beginnen bei Tische mit Slow Food, gegen die Verflachung des Fast Food entdecken wir den Reichtum der Armen der Lokalküchen. Wenn das Fast Life im Namen der Produktivität unser Leben geändert hat und Umwelt und Landschaft bedroht, so ist Slow Food heute die Antwort der Avantgarde.

Manifest des Internationalen Slow Food Kongresses 1989 in der Opéra Comique in Paris

«Die Republik fördert die Entwicklung der Kultur und der wissenschaftlichen und technischen Forschung. Sie schützt die Landschaft und die historischen und künstlerischen Güter der Nation.»
Der öffentliche Konsens, daß zu diesem Verfassungsartikel auch das kulinarische Erbe und die Vielfalt italienischer Lebensmittel gehören, wächst – schließlich gehört Italien zu den wenigen Ländern, in denen aufgrund der weltweiten Beliebtheit seiner Produkte neue bäuerliche Arbeitsplätze geschaffen werden.

Die Trattoria will aus einer höchst intelligenten Demut heraus nicht kreativ noch experimentell sein. Für sie sind die wiedererkennbaren Speisen des Territoriums und der Jahreszeiten reserviert, nach Regeln und Geschmäckern, die familiär gefestigt sind.

Folco Portinari, *Osterie d'Italia*

Gualtiero Marchesi, der 1985 als erster Italiener drei Michelin-Sterne errang, war noch «mit derselben Ergebenheit, mit der ein Araber nach Mekka pilgert», nach Frankreich gezogen, um anschließend die Mailänder mit einer Nouvelle cuisine auf Designtellern zu verblüffen, in der kalte Nudeln, vergoldete Risotti im Renaissancestil, aber auch eine molisanische Suppe aus Saubohnen und Artischocken vorkamen. Italiens jüngere Spitzenköche kennen keinen übertriebenen Respekt mehr vor dem Ausland. Immer mehr Starköche betonen regionale Identität – so sieht sich das von Signora Nadia Santini geleitete Pescatore im lombardischen Canneto sull'Oglio immer noch in der Tradition der großväterlichen Backfischtrattoria, während der kulinarische Aufschwung Don Alfonsos in S. Agata sui due Golfi bei Sorrent dadurch begünstigt wurde, daß er erstmals die Delikatessen des Mezzogiorno in elitärem Rahmen präsentierte. Fulvio Pierangelini im Gambero Rosso in S. Vincenzo machte Furore, als er Garnelen mit Kichererbsenmousse «vermählte», während der bärbeißige Umbrer Franco Vissani, Lieblingskoch italienischer Linkspolitiker, provozierend Trüffel mit Speck umwickelte und in Bohnensuppe kochte.

REZEPT
GELO DI MELONE
(SIZILIANISCHES WASSERMELONENGELÉE)

Pina Cincotta Mandarano, 2000

3 kg Wassermelonenfruchtfleisch
500 g Zucker
200 g Speisestärke
100 g kandierter Kürbis
50 g Pistazien
1 Täfelchen schwarze Schokolade
1 Stückchen Vanilleschote
Zimtpulver
1 Glas Rosen- oder Jasminwasser

Passiert das Fruchtfleisch durch ein Sieb, schüttet Zucker dazu und mischt die Stärke kalt darunter. Im Topf aufs Feuer stellen und ohne Unterbrechung bis zum Kochen mit Holzlöffel rühren. Fügt Rosenwasser und fein zerkleinerte Vanilleschote hinzu und vermischt es gut. Wenn das Kompott lauwarm abgekühlt ist, fügt in Würfelchen geschnittenen Kürbis und in winzige Splitter zerbröckelte Schokolade hinzu. Vermengt es ein wenig, dann schüttet das Gelée in passende Förmchen und stellt sie in den Kühlschrank. Serviert sie bestäubt mit Zimtpulver und gehackten Pistazien.

NON SOLO PIZZA
ITALIA GLOBALE

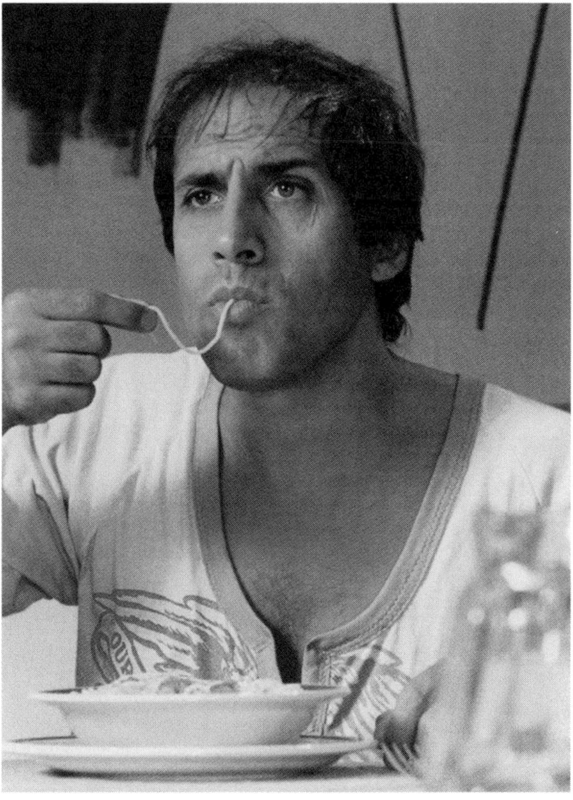

Zu sehr al dente? Nein! Adriano Celentano lernt als «Affenmensch» in Bingo Bongo *(1982) Spaghetti essen.*

Auerbachs Keller in Leipzig, heute voller Faustgemälde und auf sächsische Kost eingeschworen, beherbergte tatsächlich um 1780 eine sizilianische Weinstube, wo man Salami und Sardellen zu süditalienischem Moscato knabberte. Deutschlands ältestes italienisches Restaurant, die 1890 von Josef Deutelmoser als Osteria Bavaria eröffnete *Osteria Italiana* in der Münchner Schellingstraße (*www.osteria.de*) ist mit ihrem Salon mit Neapelgemälden ein Kleinod authentischer italienischer Küche. Doch ursprünglich stand auch hier das Zechen italienischen Weins im Vordergrund. In der Davidstraße in St. Pauli mit seinem weltoffenen Hamburger Seemannsklima konnte sich seit 1905 das *Cuneo* als Familienbetrieb halten – einst von Francesco Antonio Cuneo aus Genua als eine Art Kantine für die italienischen Gastarbeiter des Elbtunnels eröffnet.

Die beste Küche ist die Piemonts.

Nietzsche, *Ecce Homo*

Der erste *pizzaiuolo*, der 1884 versuchte, fernab von Neapel in Rom Pizza zu backen, ging sofort Pleite – keinem schmeckte der mit Tomaten belegte Kuchen.

Wir haben die Pizza erfunden … und was haben uns die Amerikaner dafür gegeben? Die Schachtel, um sie einzupacken!

Nikko Amandonico, *La Pizza*

Mit der massenweisen Emigration in die USA um 1890 begann der weltweite moderne Siegeszug einer Küche, die in Antike, Mittelalter und Renaissance als stilbildend galt, dann aber «vergessen» wurde. Auch wenn die meisten Auswanderer den Beruf Friseur angegeben hatten, versuchten sich die Neuankömmlinge häufig in gastronomischen Jobs. 1905 eröffnet der Neapolitaner Gennaro Lombardi in der

Spring Street New Yorks erste lizensierte Pizzeria (mit Kohlebackofen!) und wird zum Ahnherrn modernen Fastfoods. Beim Gang durch die Konditoreien von Little Italy ist noch nach 100 Jahren eine ätnäische Färbung spürbar, werden die gleichen *cassate* und mit kandierter Kirsche gekrönten Jungfrauenbrüstchen ausgestellt, wie sie Catanias *pasticcerie* feilbieten. Das von Caruso frequentierte Ferrara, 1892 als Amerikas erste Espressobar gegründet, serviert definitiv sizilianisch ricottagefüllte *holy cannoli*. Stimmungsvoll Italienisch essen, Pizza essen gehörte in New York ab den 1940ern zum Lokalkolorit und spektakuläre Ereignisse wie der Mord in Umberto's Clam House an dem Mafiaboss Joey Gallo heizten die Beliebtheit eher noch an. 1969 verzehrt Neil Armstrong als erster Mensch auf dem Mond *tacchino alla canzanese* – abruzzesisches Truthahnaspik!

Ich gehöre der 21. kulinarischen Region Italiens an: der Welt.

Enzo Carbone, Hyatt Hotel Shanghai

Deutsche Pizzageschichte schreibt am 24. März 1952 der Abruzzese Nicolo di Camillo mit seiner Würzburger Braut Janina, als er in der Elefantengasse der Frankenweinmetropole das *Sabbie di Capri* eröffnet: Die ersten Kunden der ältesten Pizzeria Deutschlands (mit Nachbildung der Blauen Grotte!) waren fast ausschließlich amerikanische Besatzungssoldaten. In den 1980ern setzt der internationale Boom des italienischen Kochstils ein, erkennbar am Auftauchen italienischer Luxuslokale, in denen teurer Brunello oder Barolo geschlürft wird. Verschiedene Faktoren bedingen eine positive Neubewertung italienischen Lifestyles und damit Eßstils: Die kreative Präsenz der Alta Moda und des Kinos, das italienische Wirtschaftswunder der Nachkriegszeit, die Integration ausgewanderter Italiener in ihren Gastländern. Die Entdeckung der Regionalküchen mit der Betonung potentiell bürgerlich-wohlhabender Regionen wie Toscana, Veneto oder Piemont führt dazu, daß italienische Küche nun als Ausweis feiner und doch gesunder Lebensart gepriesen wird: ein gastronomischer Paradigmenwechsel, weg vom proletarischen Spaghetti-Image zur Gutshofküche der Toskana.

98,8% der Repräsentanten italienischer Küche im Ausland sind Männer. Verschwindet die intuitiv, ja instinktiv kochende Mamma zugunsten der Absolventen von Kochakademien? Die Frage bleibt: Ist die Spontanität der *cucina casalinga* zu exportieren oder eben doch nur im Mutterland zu erleben?

DIE KUNST
DER SPEISEFOLGE

«Wie könnte ich weiter existieren ohne die weißen Trüffel des Piemont, das Öl Liguriens, den Reis der Poebene, den echten Aceto Balsamico Modenas, die Büffelmozzarella Kampaniens?»
Alain Ducasse, *Dictionnaire amoureux de la cuisine*

Exzessives Schlemmen und Saufen ist auch deswegen verpönt, weil es die Freude und Bekömmlichkeit stundenlanger Gastmähler schmälert. Frisches Brot zum Essen reichen. Nicht von den Nudeln nachlangen, sondern auf den nächsten Gang warten. Fleisch und Gemüse trennkostartig in Einzelportionen aufteilen und auf Sättigungsbeilagen verzichten. Wein nur zum Essen trinken und mit Mineralwasser abwechseln. Leichte Desserts, schwarzer Espresso und vor allem (Speichelfluß) anregende Unterhaltung: dieses Gemeinwissen um das in allen Schichten verinnerlichte diätetische Grundmuster, um die kulinarische Etikette, ist es, was mehr als Salami, Parmesan oder Pasta *Bella Italia* eint.

LIEBLINGSREZEPTE

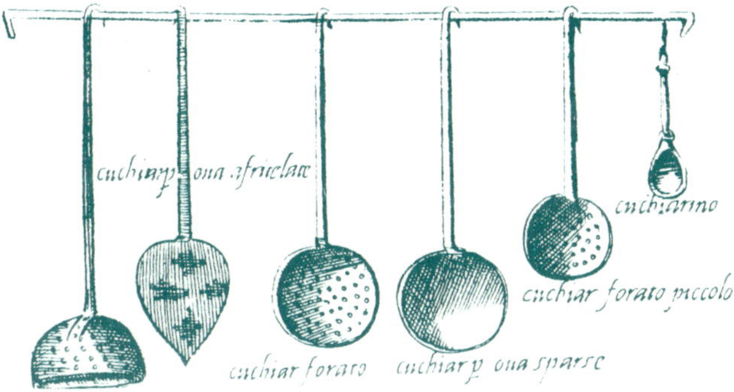

PETER PETERs LIEBLINGSREZEPT
PASTA CON PESTO TRAPANESE (PASTA MIT PESTO NACH ART VON TRAPANI)

400 g Penne
6 reife süße Tomaten
6 Knoblauchzehen
1 Bund Basilikum
100 g geschälte Mandeln
1/8 l Olivenöl extra vergine
Meersalz und Mühlenpfeffer

Die Tomaten schälen und mit dem feingewiegten Knoblauch, den zerzupften Basilikumblättern, den gehackten Mandeln, dem Olivenöl und etwas Meersalz und frischgemahlenem Pfeffer grob zu einem Pesto pürieren. Diesen kalten Pesto über die heißen, al dente gekochten Penne geben und sofort servieren. Zu diesem Rezept für 4 Personen mundet ein frischer sizilianischer Weißwein wie trocken ausgebauter Inzolia oder Grillo aus Marsalareben. Es erinnert daran, daß im barocken Westsizilien die frühesten Belege für Nudeln mit Tomatensauce zu finden sind.

Zutaten:

Zubereitung:

Zutaten:

Zubereitung:

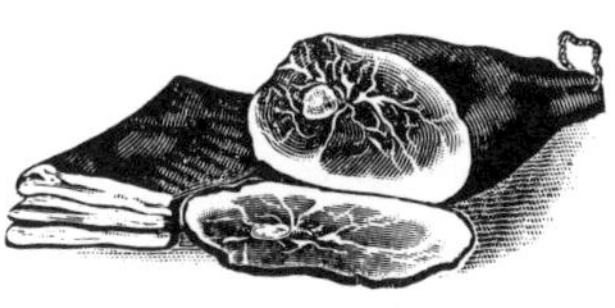

Zutaten:

Zubereitung:

Zutaten:

Zubereitung:

Zutaten:

Zubereitung:

Zutaten:

Zubereitung:

Zutaten:

Zubereitung:

Zutaten:

Zubereitung:

Zutaten:

Zubereitung:

Zutaten:

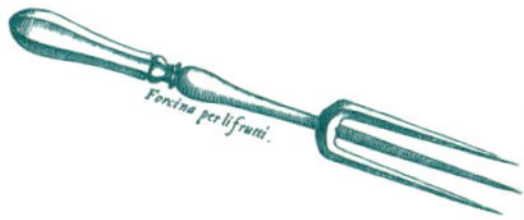

Zubereitung:

Zutaten:

Zubereitung:

NOTIZEN

NOTIZEN

NOTIZEN

NOTIZEN

ANHANG

LITERATUREMPFEHLUNGEN

Amandonico, N.: La Pizza. Ein Blick in die Seele von Neapel. München 2001.

Apicius: Das römische Kochbuch des Apicius (ed. Maier). Stuttgart 1991.

Artusi, P.: Von der Wissenschaft des Kochens und der Kunst des Genießens. München 1998.

Barth, H.: Osteria. Ein Führer durch Italiens Schenken von Verona bis Capri. Stuttgart 1908.

Baur, E. G. & Furtwängler, I.: Der Reichtum der einfachen Küche. Italien. München 1997.

Capatti, A. & Montanari, M.: La cucina italiana – Storia di una cultura. Bari 1999.

Dickie, J.: Delizia. Die Italiener und ihre Küche. Geschichte einer Leidenschaft. Frankfurt am Main. 2009

Hazan, M.: Die klassische italienische Küche. München 1995.

Montanari, M.: Der Hunger und der Überfluß. Kulturgeschichte der Ernährung in Europa. München 1993.

Oliver, J.: Jamie's Italy. London 2005.

Peter, P.: Sizilien. Literarische Entdeckungen im Land, wo der Teufel sein Weib nahm. Stuttgart 2003.

ଔ Golf von Neapel. Literarische Entdeckungen zwischen Neapel, Sorrent, Amalfi und Capri. Stuttgart 2003.

ଔ Die schönsten Gasthäuser in Südtirol. München 2001.

ଔ Die besten Trattorien der Toskana. München 2001.

ଔ Die besten Trattorien rund um den Gardasee. München 2000.

Petrini, C. & Padovani, G.: Slow Food Revolution. Milano 2005.

Serventi, S. & Sabban, F.: La pasta. Storia e cultura di un cibo universale. Roma 2000.

Slow Food Editore. Osterie d'Italia. Sussidiario del mangiarbere all'italiana. Bra 1990ff.

Stein-Hölkeskamp, E.: Das römische Gastmahl. München 2005.
Vollenweider, A.: Italiens Provinzen und ihre Küche. Berlin 1990.

ABBILDUNGSVERZEICHNIS

Frontispiz: Sophia Loren.
S. 7: Komödienfigur Pulcinella mit Makkaroni
S. 9: Rotfiguriger liparischer Krater mit Thunfischverkäufer
S. 11: Keramikfischteller, Magna Graecia, um 320 v. Chr.
S. 13: Herren-Symposion in Poseidonia Paestum, Grab des Tauchers, ca. 490–480 v. Chr.
S. 16: Persephone und Hades, Ton-Pinax aus Lokroi, Kalabrien, 5. Jh. v. Chr.
S. 19: Jüngling mit Trinkhorn, Fresko aus Herkulaneum
S. 21: Kaiser Heliogabal läßt seine Gäste langsam unter Rosenblättern ersticken, Gemälde von Sir Lawrence Alma-Tadema
S. 22: Angebotspalette eines Händlers: Obst, Gemüse, Brot, Geflügel und Hasen, Relief aus Ostia, 2. Jh. n. Chr.
S. 24: Mosaik aus der Casa del Fauno in Pompeji, 2. Jh. v. Chr.
S. 27: Mosaik, Vatikanisches Museum, 2. Jh. n. Chr.
S. 29: Neapolitanische Szene, Lazzaroni beim Nudelessen
S. 31: Frauen beim Nudelmachen, Tacuinum Sanitatis, Mitte 15. Jh.
S. 33 Komödienfigur Pulcinella mit Makkaroni
S. 34: Pasta-Werbung
S. 37: Ein Pharmazie-Gehilfe bereitet Spezereien zu; Ausschnitt aus einem Gemälde von Paolo Antonio Barbieri, 17. Jh.
S. 40: Schild eines Restaurants in Marsala
S. 41: Madrigalhandschrift «Arie diverse», 15./16. Jh.
S. 42: Verkauf von Weizenbroten, Tacuinum sanitatis, Mitte 15. Jh.

S. 45: «Hochzeit von Kanaa» von Paolo Veronese
S. 48: Abendmahl, Gerolamo Romanino, Montichiari
S. 50: Saliera von Benvenuto Cellini, 16. Jh.
S. 51: Allegorie der Küche von Giuseppe Arcimboldo, 16. Jh.
S. 53: Ein Mönch kehrt in einer Taverne ein, Fresko von Luca Signorelli in Monteoliveto, 15. Jh.
S. 55: Fresko von Pietro Lorenzetti, Unterkirche Assisi, 14. Jh.
S. 56: Tintoretto, Accademia, Venedig
S. 57: Papst Gregor der Große beim Tischgespräch, Paolo Veronese für die Basilica di Monte Berico bei Vicenza, 16. Jh.
S. 58: Leo X. Medici, Zeichnung von Sebastiano Piombo
S. 59: Gründonnerstagstafel von Papst Clemens IX., Zeichnung von Pierre Paul Séverin, 17. Jh.
S. 60: Clemens IX. speist an erhöhter Tafel über Königin Christina von Schweden, Zeichnung von Pierre Paul Séverin, 17. Jh.
S. 69: «Knabe mit dem Fruchtkorb» von Michelangelo Caravaggio
S. 74. «Die Küche» von Vincenzo Campi, 16. Jh.
S. 77: Brotbacken auf Sardinien, um 1920
S. 80: «Der Bohnenesser» von Annibale Carracci, 16. Jh.
S. 85: Brigade einer Parmesankäserei, 1937
S. 88: Pellegrino Artusi
S. 89: Titelseite der Erstausgabe des *Artusi*, 1891
S. 90: Benito Mussolini als Erntehelfer
S. 95: Der Autor im Caffè Florian in Venedig
S. 99: Menütafel mit regionalen Gerichten
S. 103: Adriano Celentano in «Bingo Bongo», 1982, Cinetext
S. 107: Die Londoner Köche Antonio Carluccio und Giorgio Locatelli in Gangsterpose
S. 111: «Natura morta con gatto»von Sebastiano Lazzari, Gallerie dell'Accademia, Venezia
S. 142: Autorenfoto © Christoph Mukherjee

Dr. phil. Peter Peter ist Mitglied der Deutschen Akademie für Kulinaristik (*www.kulinaristik.de*), Dozent an der Università di Scienze Gastronomiche (Pollenzo/Colorno) sowie Restaurantkritiker der Frankfurter Allgemeinen Sonntagszeitung. Er entwirft kulinarische Reisen und hat zahlreiche kunst- und kulturhistorische Bücher sowie Restaurant-Guides verfasst. Für seine gastronomische Entdeckungsreise *Wo Deutschland am besten schmeckt* steuerte 2003 Eckart Witzigmann die Rezepte bei. Bei C.H.Beck erschienen seine Werke *Cucina & Cultura. Kulturgeschichte der italienischen Küche* (2. Auflage 2007) und *Kulturgeschichte der deutschen Küche* (2. Auflage 2009). Eine *Kulturgeschichte der österreichischen Küche* ist in Vorbereitung.

«Alles was Sie schon immer über die italienische Küche wissen wollten, steht in diesem elegant geschriebenen Buch.»
Der Tagesspiegel

«Der Gang durch die Zeit ist ein Sterne-Menü zum Lesen: von den Gelagen der Päpste bis zur Espressomaschine – penibel recherchiert, eingängig geschrieben. Ein Muss!»
Stern-Journal

«Ein ebenso unterhaltsames wie anregendes Lesebuch.»
Frankfurter Rundschau

«Die Kulturgeschichte der italienischen Küche von Peter Peter weckt Appetit auf die Genüsse der beliebtesten Küche der Welt.»
Tages-Anzeiger

Cucina & Cultura · Kulturgeschichte der italienischen Küche
184 Seiten mit 151 Abbildungen · Halbleinen

«Egal ob es um die Küche der Germanen, die glanzvolle Kochkunst im späten Mittelalter oder aber die Renaissance der deutschen Küche in den letzten Jahren geht – Dr. Peter kann aufzeigen, wie vielfältig und spannend die traditionelle deutsche Küche ist.» ARD-Buffet

«Wie hier … unsere kulinarische Gegenwart hergeleitet wird, das hat es so noch nie gegeben. Packend, schnell, amüsant breitet der gelernte Altphilologe Peter seine Geschichte unseres Essens, aus, so dass man gar nicht anders kann, als dieses Buch Seite um Seite zu verschlingen.
Ullrich Fichtner, Spiegel Online

«Können Bücher schmackhaft sein? Dieses ist es.» NZZ

Kulturgeschichte der deutschen Küche
256 Seiten mit 191 Abbildungen · Halbleinen

Besuchen Sie die Website des Autors unter:
www.pietropietro.de

Ein Teil der hier versammelten Texte und Bilder
sind dem Werk von Peter Peter
Cucina & Cultura · Kulturgeschichte der italienischen Küche
entnommen.

Umschlaggestaltung: Konstanze Berner, München
Umschlagmotiv: Stilleben aus der Villa di Giulia Felice,
Pompeji, Museo Archeologico Nazionale, Neapel
Gesetzt aus der Minion Pro und der Viva bei
Fotosatz Amann, Aichstetten
Druck & Bindung: Kösel, Krugzell
Gedruckt auf säurefestem, alterungsbeständigem Papier
(hergestellt aus chlorfrei gebleichtem Zellstoff)
Printed in Germany
Best.-Nr. 256492

www.chbeck.de